Comment tout a commencé
How it all started...

Dans mon jardin il y a un arbre qui c une porte magique...

In my garden, there is a tree that has a magical door...

Elle conduit à Twinkle Farm, une terre enchantée où vit un chaton nommé Bubble.

It leads to Twinkle Farm, an enchanted land where lives a kitten named Bubble.

De derrière la porte magique, Bubble peut me voir...

From behind the magical door, Bubble can see me.

Un jour Bubble est sorti et on est devenus meilleurs amis..

One day Bubble came out and we became best friends.

Bubble a fini par devoir rentrer à Twinkle Farm, mais il ne m'a jamais oubliée. Maintenant il m'écrit un livre tous les mois.

Bubble had to eventually go back to Twinkle Farm, but he never forgot about me. Now he writes me a book every month.

Ses livres sont pleins d'amour et de bons conseils. Lisons-les ensemble!

His books are full of love and good advice. Let's read them together!

Rencontre tes nouveaux amis.
Meet your new friends.

Bubble Cat

Matty Monkey

April Alpaca

Paquita Possum

Ernest Elephant

Charlie Chick

Donny Donkey

Bouba &
Boubette Dog

Gloria Goat

Ma chère amie,

Voici venu le moment du mois que je préfère: celui où je peux m'asseoir et t'écrire. Comment vas-tu ces derniers temps?

My dear friend,

Here is my favourite time of the month, when I get to sit down and write to you.

How have you been lately?

J'ai vu que tu avais rencontré quelqu'un qui t'avait fait peur, Annie, et que tu ne savais quoi faire. Comme ça a du être difficile pour toi.

I saw that you met someone who made you feel frightened, Annie, and you didn't know what to do about it. How difficult for you.

Mon jeune ami Matty Monkey sait quoi faire dans ce genre de situation. Je te raconte tout.

My young friend Matty Monkey knows what to do in that kind of situation. Let me tell you all about him.

Matty est gentil, mais il est désordonné.

Matty is nice but he is messy...

BANG!

BANG!

Il est bruyant.

He is loud!

Mais il est très rigolo, et on l'adore.

But he is lots of fun and we love him very much!

Un jour, un étrange individu est venu à Twinkle Farm. Il s'appelait M. Crocodile.

One day, a strange fellow came to Twinkle Farm. His name was Mr Crocodile.

Il nous a invités à faire de la voile sur son bateau dans la mangrove. Il nous a décrit un endroit magique où les arbres poussent dans l'océan, et les poissons nagent entre leurs racines.

He invited us to go sailing on his boat in the mangrove. He pictured a magical place where trees grow in the ocean, and fish swim amongst their roots.

Ça paraissait merveilleux, et on était tous emballés! On a décidé de suivre M. Crocodile à la mangrove.

It seemed wonderful and we were all so excited! We decided to follow Mr Crocodile to the mangrove.

Sauf Matty Monkey!!

"Je n'aime pas l'allure de ce Crocodile", a-t-il dit; "Je ne veux pas y aller!"

Except Matty Monkey!

"I don't like the look of that Crocodile" he said, "I don't want to go!"

Mais on n'a pas écouté Matty Monkey, et on s'est mis à suivre M. Crocodile. On voulait juste voir la mangrove.

But we didn't listen to Matty Monkey, we started to follow Mr Crocodile. We just wanted to see the mangrove.

Les signaux d'alarme de Matty sonnaient de plus en plus forts!

Matty's alarm bells rang louder and louder!

Il était si nerveux qu'il en a fait caca dans sa couche!

He got so nervous he pooped his nappy!

Puis il a eu une idée. Then he had an idea!

Vite, il a grimpé en haut d'un arbre.

Quick! He climbed up a tree.

Et, te rends-tu comptes, il a ramassé les crottes dans sa couche et les a jetées sur nous tout en hurlant comme un fou!

On s'est enfuis dans tous les sens!

And, would you believe it, he picked up his poo from his nappy and threw it at us while screaming like a maniac!

We ran away in all directions!

On était furieux contre
Matty Monkey!

Pourquoi as-tu fait ça?"
On lui a demandé après en
prenant une douche.

We were so mad at
Matty Monkey!

"Why did you do that?"
We asked later while
taking a shower.

"Vous avez eu de la chance qu'il l'ait fait," dit Papy Donkey; "ce Crocodile est très dangereux. Il vous emmenait dans la mangrove pour vous manger!"

"Oh non!" Nous étions tous horrifiés!

"You're lucky he did it," said Grandpa Donkey, "this Crocodile is very dangerous. He was taking you to the mangrove to eat you!"

"Oh No!" We were all horrified!

Matty Monkey nous a sauvé la vie. C'est un vrai héros.

Merci Matty, tu es le meilleur ami qui ait jamais existé!

Matty Monkey saved our lives! He is a true hero!

Thank you Matty, you are the best friend ever!

Tu vois, ma chère, la meilleure chose à faire quand quelqu'un t'embête, c'est de faire le plus de bruit possible pour alerter une grande personne.

You see my friend, the best thing to do when someone is bothering you, is to make as much noise as possible to alarm a grown-up.

Drum
Tambour

Trumpet
Trompette

Guitar
Guitare

Flute
Flûte

Piano
Piano

Violin
Violon

Xylophone
Xylophone

Maraca
Macara

Bell
Cloche

Car
Voiture

Truck
Camion

Train
Train

Tractor
Tracteur

Camper Van
Camping-Car

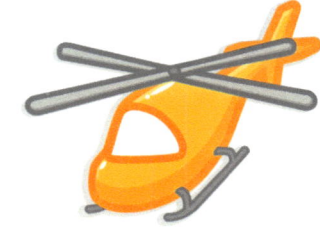
Helicopter
Hélicoptère

Plane
Avion

Dizzy
Etourdi

Suspicious
Méfiant

Stubborn
Têtu

Scared
Effrayé

Embarrassed
Embarrassé

Have an idea
Avoir
une idée

Furious
Furieux

Disgusted
Dégoûté

Angry
En colère

Sorry
Désolé

Proud
Fier

Shocked
Choqué

Happy
Heureux

Brave
Courageux

Pee
Pipi

Poo
Caca

La Sagesse de Bubble

Si tu te sens en danger, écoute ton instinct et fais du bruit pour alerter un adulte.

Bubble's Wisdom

If you feel in danger, listen to your gut and be loud to alarm a grown up.

Rencontre le vrai Bubble
Meet the real Bubble

Le savais-tu? Bubble est un vrai chat! Voilà son son petit museau tout mignon.

Did you know? Bubble is a real cat! Here is his impossibly cute face!

Anne Schneeberger est la mère de Bubble et l'auteur et illustratrice de Twinkle Farm. Elle vit en Nouvelle Zélande avec son fils adoré et ses trois chats.

Anne Schneeberger is Bubble's mum and the author and illustrator of Twinkle Farm. She lives in New Zealand with her beloved son and three cats.